August Rode

Kinderschauspiele

August Rode

Kinderschauspiele

ISBN/EAN: 9783743477346

Hergestellt in Europa, USA, Kanada, Australien, Japan

Cover: Foto ©ninafisch / pixelio.de

Weitere Bücher finden Sie auf **www.hansebooks.com**

Kinderschauspiele.

Von
August Rode.

Dem
Dessauischen
Philanthropin
gewidmet.

Hier sind drey Kinderschauspiele.

Die Franzosen haben durch den Herrn von Moissy eine ganze Sammlung, (welche auch noch immer fortgesetzt worden ist) unter dem Titel: Les jeux de la petite Thalie.

Bey uns sind nur erst wenige erschienen: Drey in Strasburg, vom Herrn von Pfeffel; im niedersächsischen Wochenblate für Kinder, einige wenige; und im Kinderfreunde des Herrn Kreissteuereinnehmer Weiße, viere. Mehr sind mir nicht bekannt.

Diese, welche ich dem Publico hier vorlege, haben weder mit diesen deutschen, noch mit jenen französischen, irgend einige Aehnlichkeit.

Die Kinder, welche darinn handeln, sind Kinder der Natur, gute, gerade, unverdorbene Geschöpfe. Diejenigen, welche sie erzogen, dachten, der beste Schirm der Tugend sey, Unwissenheit des Lasters; ihre zarten Seelen haben also noch nie den beizenden Eindruck
dessel-

desselben gefühlt; sie können daher auch nicht mit traurigen Erfahrungen den Geist ihres Gleichen bereichern, und das Herz derselben verderben. Sie reden blos die Sprache ihres Herzens; niemals jene langweilige, welche sie aus den eben so abgeschmackten, als unnützen moralischen Predigten ihrer Aufseher im Gedächtnisse behalten haben. Und ihre Vorstellungen sind häusliche Auftritte, in einer ganz einfachen Einkleidung.

Sind diese Versuche den Kindern leicht und angenehm aufzuführen; belustigen sich diese dabey auch im Zusehen; und sind die Erwachsenen nicht blos aus Gefälligkeit gegen die Kleinen bey ihrer Vorstellung zugegen; ist vielmehr ihre Aufmerksamkeit dabey nicht zerstreut, und fühlen sie ihre Herzen von einer gutartigen Empfindung bewegt: so ist meine Absicht bey diesen Kinderschauspielen erreicht.

Ich weiß sehr wohl, es giebt Leute, welche so sehr vom Vorurtheile wider die Bühne eingenommen sind, daß sie ohne alle Ausnahme das kindliche Alter von derselben ausschließen; und also auch diese meine Arbeit als überflüßig und unnütz ansehen werden. Allein um ihrentwillen laß' ich mich der darauf gewandten Zeit gewiß niemals gereuen. Die Erfahrung hat mich genugsam überführt, daß die Schaubühne eben so sehr für dieses Alter, als für die Jugend ein höchst lehrreicher, nothwendiger Zeitvertreib sey. Schränken aber diese Herren Rigoristen ihren Ausspruch auf die bisher gewöhnlichen Kinderstücke, und auf die Vorstellung der Schauspiele, welche nur für Erwachsene bestimmt sind, ein: so trete ich ihnen eben so eifrig bey, als ich mich izt wider sie erkläre.

Das Basedowische Philanthropin hat mir die Ehre erzeigt, die beyden ersten Stücke zu wiederholtenmalen bey den feyerlichsten Gelegenheiten aufzuführen, und sie auch in das zweyte Stück des Philanthropischen Archivs einzurücken.

Dieß und das günstige Urtheil des Herrn Domherrn von Rochow, im deutschen Merkur vom Monat May, über diese Versuche, bestimmen mich, sie izt, mit einem neuen Stücke vermehrt, besonders herauszugeben.

Dessau,
den 21sten Junii
1776.

Das
Geburtsgeschenk.

In
drey Aufzügen.

Personen.

Der Vater.
Heinrich. ⎫
Louischen. ⎪ Geschwister, wovon der älteste
Wilhelm.   ⎬ nicht über 8 Jahr.
Dorchen.   ⎭
Ein Bedienter.

Der Schauplatz ist ein Zimmer.

Die Handlung geht gegen Abend an, und hört mit dem andern Tage Morgens auf.

Erster Aufzug.

Erster Auftritt.

Dorchen, Wilhelm, Heinrich (an der einen Seite des Theaters, an einem Tische, worauf Karten. Sie haben schon ein Haus zur Hälfte vollendet, als der Vorhang aufgezogen wird.)

Louischen (an der andern Seite des Theaters, noch weiter vor, als jene. Sie strickt sehr ämsig an einem Geldbeutel, und sitzt, den Rücken halb ihrem Geschwister zugekehrt, als ob diese die Art ihrer Arbeit nicht sehen sollten. Alle sind in Alltagskleidern.)

Wilhelm.
Das wird recht schön werden!

Dorchen.
Hier müssen wir noch einen Flügel herausbauen.

Wilhelm.
Wie denn?

Heinrich.
Je, verstehst du denn das nicht? Sieh, hier legen wir noch eine Karte an, und denn bauen wir so her fort.

Dorchen.

Ja, recht! Heinrich! — Aber du legst sie ganz schief an, und wackelnd; das hält nicht! Gieb her, ich wills machen.

Heinrich.

Nein, nein, laß! Du kannsts nicht so gut.

Dorchen.

Aber ich will nun! (sie will ihm den Arm zurück reißen; der fährt ihr aus den Händen ins Gebäude; das fällt ein.)

Wilhelm.

Nun sieh einmal, was das ist. Unser schönes Gebäude!

Heinrich. (böse)

Siehst du! das hast du nun gemacht! Wenn du mich hättest gehen lassen. — Nun können wir von neuem anfangen.

Dorchen (erschrocken.)

O! — Das thut mir leid! (sie sehen alle einige Augenblicke das eingefallene Haus an, ohne ein Wort zu sagen; endlich:)

Wilhelm.

Nun, was ist dabey zu thun? lieber Heinrich, fang ein neues an; du kannst es so gut.

Dorchen.

O ja, Heinrich!

Heinrich.

Nun ja! (er nimmt die Karten, als ob er anfangen wollte) Doch wir haben auch schon lange genug gebaut; ich dächte, wir spielten was anders?

Dorchen.

Meinethalben!   Wil-

Wilhelm.
Aber was denn? Wenn Louischen nur mit wollte.

Dorchen (leise.)
Was macht sie denn da? (sie schleicht sich auf den Zehen an sie hinan, ohne daß es Louischen bemerkt.) (laut) Ach! sie strickt!

Louischen.
Das thu' ich auch; und ich dächte, du störtest mich nicht. (Sie verlassen ihren Tisch, und nähern sich Louischens.)

Heinrich.
Je, mit deinem Stricken, Louischen! Das kannst du ja ein andermal auch thun; es ist ja wohl so nöthig nicht.

Wilhelm.
Ja wohl; komm, spiele itzt mit uns, wir wollen in den Garten gehen.

Dorchen.
Ja, Louischen!

Louischen.
Nein, Kinder, ich kann nicht. Das muß fertig seyn.

Dorchen.
Was ists denn?

Heinrich.
Ein Beutel? wozu brauchst du denn den so nöthig?

Louischen.
Je! ob Ihr alles wißt.

Wilhelm.
O, du willst nur nicht mitspielen.   Dor-

Dorchen.

Ja, das ists auch nur.

Heinrich (bittend)

Hm! Schwester! mach!

Louischen.

Es geht wirklich nicht an.

Wilhelm.

Nun, warum denn nicht?

Louischen.

Daß Ihr nicht denkt, ich sey eigensinnig; ich wills Euch nur sagen. Den Beutel will ich dem Vater morgen zum Geburtstage schenken.

Wilhelm.

Ey! — weis' ihn einmal. (sie besehen ihn alle.)

Dorchen.

Er ist hübsch! aber ich habe auch was für ihn.

Heinrich.

Ich auch!

Wilhelm.

Und auch ich.

Louischen.

So? da wird er sich recht freuen! Aber, was habt Ihr denn?

Dorchen.

Ich binde ihn mit einem Paar Manschetten an. Es hat kein Mensch gesehen, wie ich sie gemacht habe.

Louischen.

Ihr hättet meinen Beutel auch nicht gesehen, wenn du mich nicht beschlichen hättest, Dorchen. Er wäre auch schon fertig; aber ich habe mich erst so spät dazu entschlossen. Wil-

Wilhelm,
(hat indessen einen Brief aus der Tasche gekramt.)
Und seht, den Brief bringe ich dem Vater.

Heinrich.
Dürfen wir ihn nicht lesen?

Wilhelm.
Wenn Ihr wollt, da habt Ihr ihn. (giebt ihn Heinrichen.)

Heinrich, (macht ihn auf)
Der ist ja recht hübsch geschrieben! seht einmal, Schwestern!

Wilhelm.
So gut, als ich kann.

Louischen und Dorchen.
In der That, so gut könnte ich nicht schreiben.

Heinrich, (liest ihn)
„Mein lieber Vater! Ich freue mich recht sehr „über Ihren Geburtstag. Erleben Sie ihn „noch recht oft. Ich liebe Sie von ganzem „Herzen.

Wilhelm.

Dorchen.
Hat dir auch niemand geholfen, Wilhelm?

Wilhelm.
Kein Mensch! Ich habe ihn wohl schon vor 14 Tagen geschrieben, als du und ich ganz allein zu Hause blieben. Ich weiß aber nicht, wo du herumliefest?

Dorchen.
Herum liefest? Nein, ich saß in unsrer Stube, und arbeitete an meinen Manschetten. Soll ich sie Euch einmal holen?

Zweyter

Zweyter Auftritt.
Ein Bedienter. Die Vorigen.

Der Bediente.
Louischen, Sie sollen zur Mutter kommen.
Louischen.
Ich?
Der Bediente.
Ja, gleich! (geht ab)

Dritter Auftritt.
Louischen. Dorchen. Wilhelm. Heinrich.

Louischen.
O, wenn Ihr Eure Geschenke holet, so wartet hier, damit ich sie auch sehe. Ich komme bald wieder.
Dorchen.
Nun ja, geh nur, und laß nicht auf dich warten.
(Louischen geht ab.)

Wilhelm und Heinrich (rufen ihr nach.)
Laß dir auch nichts merken!

Vierter Auftritt.
Dorchen. Heinrich. Wilhelm.

Dorchen.
Ich will indessen auch immer gehen, und meine Manschetten holen. Hein

Heinrich.
Warte, ich gehe mit. Ich will Euch mein Geschenk auch zeigen.
Wilhelm.
So blieb ich denn allein hier? Was sollte ich da? Ich will in den Garten laufen. Kommt da auch hin. Wenn Louischen hier uns nicht findet, wird sie wohl merken, wo wir sind.

Zweyter Aufzug.
Erster Auftritt.
Heinrich. Wilhelm. Dorchen.

Heinrich, (kömmt ganz bis vorne hervor gesprungen, als ob ihn einer hasche; dann eben so Wilhelm und Dorchen.)
Ha! Ich bin der Erste: du die Letzte, Dorchen.
Dorchen.
An der Hofthüre stolperte ich übern Tritt; ich wäre bald recht hingeschlagen.
Wilhelm.
Und wären wir noch eine kleine Strecke gelaufen, wär ich vorgekommen. Ich war dicht hinter dir.
(zu Heinrichen.)
Heinrich.
Mit nichten! Ich bin gar noch nicht außer Athem, ich konnte noch lange aushalten. — Aber Louischen ist noch nicht wieder hier!
Dorchen.

Dorchen.
Ich weiß gar nicht, wo sie bleibt!
Wilhelm.
Ach! da kommt sie.

Zweyter Auftritt.
Louischen. Die vorigen.

Heinrich (ihr entgegen.)
Du bist erstaunend lange weg!
Wilhelm.
Wir haben uns indessen ganz müde im Garten gespielt; und weil du nicht kamest, wollten wir zusehen, ob du hier wärst; und nun kommst du erst!
Dorchen.
Aber, Louischen, was hast du denn? was fehlt dir?
Louischen (betrübt.)
Ach, Kinder, unsere ganze Freude auf morgen ist verdorben.
Alle drey zugleich (erschrocken.)
Wie so?
Louischen.
Der Vater reist weg.
Heinrich.
O nein?
Louischen.
Ihr könnt es glauben. Als ich zur Mutter kam, da hörte ichs. Sie schickte mich zu Madame Bardt, darum blieb ich so lange.

Wilhelm.

Das ist schlimm!

Dorchen.

Ich möchte weinen.

Louischen.

Nun können wir uns morgen nicht freuen, den lieben Vater anzubinden, und können auch nicht unsre Sonntagskleider anziehen.

Heinrich.

Wo reist er denn hin?

Louischen.

Zum Amtmann Born; übermorgen kömmt er erst wieder. (Alle drücken durch Gebärden aus, wie unangenehm es ihnen ist.)

Heinrich.

Unsere Geschenke hätten wir also sparen können! Wir müssen sie also selbst behalten? Das geht nicht an, was machen wir, Kinder?

Louischen.

Ja, was machen wir?

Wilhelm.

Hört, wir wollen uns alle zusammen itzt gleich aufmachen, und ihm unsere Geschenke bringen, und gratuliren.

Dorchen.

Es ist ja aber schon Abend, wir können denn nicht einmal mehr lustig seyn; wir müssen gleich zu Bette gehen.

Louischen.

Nein, das ist nichts. Mir fällt aber was ein. Heinrich, gehe du hin, sage dem Vater, was wir morgen thun wollen, und bitte ihn, er soll hier bleiben.

Heinrich.
Das wäre schön! Da käme ja ihm alles nicht mehr unverhofft; denn könnte er sich ja morgen nicht mehr freuen.
Louischen.
Nun, denn weiß ich nichts!
Heinrich.
Doch ganz schlecht ist dein Vorschlag nicht, Louischen. Warte; so wollen wirs machen: Dorchen geht und entdeckt alles der Mutter, und bittet, daß sies dem Vater nicht sage; aber daß sie ihn überrede, hier zu bleiben.
Wilhelm.
Ach! ja, ja!
Louischen.
O das thut unsere liebe Mutter ganz gewiß!
Dorchen.
Und der liebe Vater auch: ich warte keinen Augenblick; ich laufe gleich. (geht ab.)

Dritter Auftritt.
Heinrich. Louischen. Wilhelm.

Louischen.
Gewiß, das war das Beßte! Nun habe ich wieder gute Hoffnung.
Heinrich.
Wie froh wollt' ich seyn; wenn es was hülfe.
Wilhelm.
O ganz gewiß! ganz gewiß!
Louischen.
Der Wagen wurde schon bestellt.

Heinrich.

Der Wagen? wollte er denn noch diesen Abend fort?

Louischen.

Freylich!

Wilhelm.

Wenn denn Dorchen nur nicht zu spät kömmt.

Louischen.

Ich kanns gar nicht erwarten, bis sie wieder kömt. (Sie warten eine Weile ganz ungeduldig. Endlich springt Dorchen fröhlich herein.)

Vierter Auftritt.
Dorchen. Die Vorigen.

Dorchen.

Sie will! sie will!

Alle.

O das ist schön! das ist schön! (sie hüpfen fröhlich herum und freuen sich.)

Dorchen.

Die Reise des Vaters wäre so nothwendig nicht; wir könnten uns drauf verlassen, er würde sie aufschieben; sie wolle ihm aber nicht sagen, warum.

Alle.

(noch immer herumspringend, und äußerst vergnügt.) Nun, nun, das dachten wir gleich! Die liebe Mutter!

Dorchen.

Wenn es nur erst Morgen wäre!

Wilhelm.

Ach, das wirds bald. Kommt, wir wollen uns zu Bette legen, desto eher wirds Tag.

Heinrich.

Ja, ja, laßt uns zu Bette gehen; ich bin zwar noch nicht müde.

Louischen.

Ich auch nicht. Aber ich mache erst noch meinen Beutel zu.

Alle.

(indem sie springend und hüpfend abgehen.)
Wenn nur die Nacht schon vorbey wäre!

Dritter Aufzug.
Erster Auftritt.

Louischen, Dorchen,
(in ihren festlichen Kleidern; doch noch nicht ganz fertig angezogen.)

Louischen.

Der Vater ist noch nicht auf.

Dorchen.

Aber er wird nun gewiß bald aufstehen. Mach nur, Louischen, und binde mir meinen Kranz um, und meine Schleifen.

Louischen.

Wenn er so käme, und wir wären noch nicht fertig! — (Sie bindet ihrer Schwester den Kranz um, und die Schleifen.) Aber nun, Schwesterchen, mir auch.

Dorchen.

Gieb nur her.

Louischen.

Da. (Dorchen bindet Louischen Kranz und Schleifen um.)

Dor-

Dorchen (während des Umbindens.)
Ich schreckte recht aus dem Schlafe auf; ich dachte, ich hätte es verschlafen.
Louischen.
Das nicht; aber recht oft aufgewacht bin ich. Zuletzt konnte ich nicht wieder einschlafen. Ich hatte schon ein ganz Weilchen gewacht, als du dich aufrichtetest.

Zweyter Auftritt.

Heinrich, Wilhelm, (auch in ihren festlichen Kleidern, und eine Schüssel mit Blumen tragend.)
Die Vorigen.
Heinrich.
Guten Morgen, Schwestern!
Wilhelm.
Da seyd Ihr ja auch schon!
Louischen und Dorchen.
Guten Morgen, Brüder!
Louischen.
O wir sind schon lange auf dem Platze.
(Heinrich setzt die Blumen auf den Tisch.)
Dorchen.
Ey, das sind recht schöne Blumen!
Heinrich.
Wir haben sie mit dem Gärtner gepflückt.
Wilhelm.
Wie freue ich mich! Nun wird der Vater bald kommen.
Dorchen.
Ist er nun auf?

Heinrich.
O ja, er zieht sich schon an, habe ich gehört.

Dorchen und Louischen (freudig.)
Ey, ey!

Dritter Auftritt.
Der Vater. Die Vorigen.

Der Vater.
Schon so früh auf, lieben Kinder? (Sie springen alle auf ihn zu, streuen Blumen vor ihm hin, und küssen ihm die Hände.)

Heinrich.
Ach, lieber Vater! Wir gratuliren zu Ihrem Geburtstage.

Louischen.
Wir haben die größte Freude darüber.

Dorchen.
Ach, leben Sie recht lange, lieber Vater

Wilhelm.
Ach ja! wir sind Ihnen so gut!

Der Vater,
(bückt sich, umarmt sie alle zärtlich.)

Meine lieben Kinder! — Ich danke Euch für dies Zeichen Eurer Liebe. — Meine lieben Kinder! — Ich freue mich auch über den heutigen Tag. — Ich freue mich, wenn ich gleich weine.
(Ein jedes von den Kindern holt sein Geschenk aus der Tasche, und überreicht es ihm.)

Louischen.
Und, lieber Vater, hier mache ich Ihnen auch ein klein Geschenk zu Ihrem Geburtstage.

Die andern alle.
Und ich auch.
Der Vater.
Ein Geschenk? Ihr erfreuet mich, meine Lieben! — Vermuthlich von Eurer eignen Arbeit? (er besieht sie alle.) (Indem er den Beutel besieht) Von dir, Louischen?
Louischen.
Ja, lieber Vater!
Der Vater.
Hübsch! recht hübsch. Ich will ihn gleich einweihen; (Er schüttet sein Geld hinein. Louischen hüpft dabey voller Freuden herum) und künftig sollst du ihn beständig bey mir sehen. Und der Riß, von wem ist der?
Dorchen.
Gewiß von Heinrichen. O lassen Sie uns ihn einmal sehen; du vergaßest gestern, uns ihn zu zeigen.
Heinrich.
Ja, über das Gartenlaufen.
Der Vater,
(zeigt ihn den Kindern hin, die ihn besehen.)
Ich bin recht zufrieden damit, mein lieber Heinrich. Es ist unser Haus ganz accurat. Er soll immer seinen Platz über meinem Schreibepulte haben.
Heinrich.
Ich bin außer mir vor Freuden!
Der Vater.
Nun, die Manschetten sind von dir, liebes Dorchen; und der Brief von meinem lieben kleinen

Wilhelm, (legt ihm die Hand liebreich aufn Kopf, und liest den Brief.) Alles recht artig. Ich habe große Freude über Eure Geschenke, lieben Kinder! Ihr gebt mir dadurch einen Beweis, daß Ihr nicht allein gute Kinder seyd, sondern auch einmal brauchbare Leute seyn werdet. (Er küßt sie alle noch einmal.) Ich bedanke mich bey Euch recht sehr.

Die Kinder alle.
Sie, lieber Vater!

Der Vater.
Und mit deinen Manschetten, Dorchen, will ich mich gleich putzen. Die Mutter soll sie mir vornähen. Kommt, Kinder, sie muß alle die schönen Geschenke auch sehen. (bleibt wieder stehen) Ach! nun merke ich erst, warum sie mich von meiner Reise zurückgehalten hat. Ich bin ihr den größten Dank dafür schuldig; ich hätte mich sonst um einen der glücklichsten Tage gebracht. Er soll sich auch so vergnügt für uns endigen, als er sich angefangen hat. Ich will alle Eure Gespielen bitten lassen. Und es soll Euch, meine lieben Kleinen, an nichts fehlen, was Euch Vergnügen machen kann.

Die Abreise.

In drey Aufzügen.

Personen.

Die Mutter.
Karl.
Anton.
Fritz.
Ein Bedienter vom Hause.
Ein Bedienter vom Herrn Braun.

Der Schauplatz ist ein Zimmer.

Erster Aufzug.
Erster Auftritt.
Karl, (in Reisekleidern) Anton. Fritz.

Karl (im Hereingehen.)

Nun wär' ich fertig!
(Anton und Fritz besehen seine Kleidung.)

Anton.

Wie das alles so hübsch läßt!

Fritz.

Tausend! wenn ich auch so ein Paar Stiefeln hätte, da wollt' ich recht baden; denn da geht kein Wasser durch.

Karl (fröhlich.)

Ach! das ist alles meine Freude noch nicht Aber daß es nun gleich fortgeht. O! ———

Fritz.

Ists denn weit?

Karl.

Freylich! Zwölf Meilen.

Anton.

So weit bin ich auch schon gewesen. Wißt Ihr — vorm Jahre, wie ich da mit der Mutter —

Karl.

Nach Magdeburg fuhr? Mitnichten, mein Herr! Magdeburg ist nur sieben Meilen.

Anton.

Das hätte ich nicht gedacht. Wir sind doch vor so vielen Dörfern vorbeygekommen, und durch so viele durchgefahren, auch durch Städte.

Karl.

Das werden so viele nicht gewesen seyn! Aber wenn auch; Dessau ist doch bald noch einmal so weit.

Fritz.

Ich bin noch gar nicht gereist.

Karl.

Ich bis itzt auch nicht; aber nun auch! — Ich bin voller Freuden. Ich stelle mir so viel dabey vor, ich weiß selber nicht alle, was?

Anton.

Es war gut, daß meine Mutter damals bey mir war, ich fürchtete mich damals vor allen neuen Gesichtern, die ich sah, und es war mir immer so angst — —

Karl.

Angst, warum das?

Fritz.

Ja, das weiß ich auch nicht.

Anton.

Ich wußte es selber nicht warum? aber, als wenn mir alle Augenblick was Leids geschehen sollte, so angst war mir.

Karl.

Und es geschah dir nichts; nicht wahr?

Anton.

Nichts! ich kam aber auch der Mutter nicht einen Augenblick von der Seite.

Fritz.

O!

Karl.

Nun, so mache ichs nicht! Was will ich mich umsehen! Wenn es nur erst fortgienge!

Fritz.
Ich möchte wohl auch mit. Sich so weit fahren zu lassen, und immer die Pferde so laufen zu sehen, das muß hübsch seyn. Ich ließ mir vom Kutscher die Peitsche geben, und da peischte ich denn hinten nach; die sollten recht laufen!

Zweyter Auftritt.
Die Vorigen. Ein Bedienter.

Der Bediente.
Ach, Karlchen, aus Ihrer Reise dürfte nun wohl nicht viel werden!
Anton.
Je, sprich doch nicht!
Fritz.
Du willst uns gewiß was weiß machen?
Karl (spottend.)
Aus meiner Reise nicht viel werden? Ha, ha, ha!
Der Bediente.
Nun, nun, lachen Sie nur. Sie werdens wohl sehen. Wie ich itzt Ihren Koffer zu Herr Braunen hintrug, fiel der kleine Wilhelm zur Treppe herunter, und rührt' und regte sich nicht mehr.
Karl (zweifelhaft.)
O, es ist nicht wahr!
Fritz.
Der kleine Wilhelm?
Anton.

Anton.
Nein, sage einmal!
Der Bediente.
Sie können es glauben. Was sollt' ich denn dabey haben, mir so was zu erdenken!
Karl.
Das wäre schlimm! das sollte mich ärgern! Freylich, dann — —
Anton.
Und er rührte und regte sich nicht mehr?
Der Bediente.
Nein; sie nahmen ihn wie todt auf, und trugen ihn in die Stube, und weiter weiß ich nichts, ich bin denn gleich wieder fortgegangen; alles war in der größten Bestürzung; es hat mich nicht einmal einer gesehen.
Fritz (sehr mitleidig.)
Ach, der arme Wilhelm!
Anton.
Wenn er nur nicht gar wirklich todt ist!
Karl.
Nun wird gewiß nichts aus meiner Reise: gewiß nichts. Gewiß muß ich nun hier bleiben! (geht, indem er das sagt, in einer betrübten Unruhe hin und her.)
Der Bediente.
Ja, ja, das könnte wohl kommen. Aber ich will es doch gleich auch an Madame sagen.
(geht ab.)

Drit=

Dritter Auftritt.

Karl. Anton. Fritz.

Karl.
O, ich bin auch so verdrießlich! — Aber ich kann's noch nicht glauben — da gleich todt!

Anton.
Es ist mir auch gar nicht so, als wenn's wahr wäre; aber er sagt' es doch —

Fritz.
Ja, er sagt es zwar; aber Kinder, ich glaub es drum auch nicht. Karl ist ja schon ganz reisefertig. Und Wilhelm sollte da eben von der Treppe fallen? Er will gewiß nur seinen Spas mit uns haben.

Karl,
(auf einmal wieder aufgeräumt.)
Sicher! — der Spasvogel! Er hatte mich wirklich schon vollkommen angeführt.

Anton.
Und ich hätte schon bald um den armen Wilhelm geweint.

Fritz.
Warte, dir wollen wir schon wieder was anhängen! Wißt Ihr nichts?

Anton.
Wir wollen uns einmal besinnen — Hört —

Karl.
Ach! laßt's seyn! ich bin froh, daß es nicht wahr ist, was soll ich mich damit noch lange aufhalten; es ist nun Zeit, ich muß fort; kommt mit zur Mutter.

Vierter

Vierter Auftritt.
Der Bediente vom Herrn Braun.
Die Vorigen.

Der Bediente (bestürzt und eiligst)

Ist Ihre Frau Mutter nicht hier? Nun Sie, Musje Karlchen, können es auch bestellen: Unser Kleiner ist von der Treppe todt gefallen. Herr Braun könnte unmöglich reisen; Sie möchten es nicht übel nehmen. Ich habe den Chirurgus geholt; ich muß fort, und hören, was er sagt.

(geht ab.)

Fünfter Auftritt.
Karl. Anton. Fritz.
(Alle äußerst bestürzt; besonders steht Karl wie vom Donner getroffen.)

Anton.
So ists doch wahr?

Fritz.
Das thut mir leid!

Karl.
(Nach einem kleinen Stillschweigen sagt er, wie aufwachend und voller Betrübniß.)
Also muß ich denn nun hier bleiben?

Fritz.
Der gute Wilhelm!

Anton.
Mein lieber Wilhelm!

Karl.

Karl.
Ach ja wohl auch, der arme Wilhelm, er dauert mich; ich war ihm so gut! — Aber daß ich nun hier bleiben muß! — daß ich nicht fortreise!

Fritz.
Das thut mir auch recht leid; ich war dir so neugierig zu sehen, wie es hier seyn würde, wenn du fort wärest.

Anton.
Ja, Fritz, und denn beym Spiele dacht' ich, weil wir nur zwey noch wären, würden wir desto eher immer drüber einig werden.

Karl.
Ach, alles das ist nun nichts; alles bleibt, wie es war. (Er zieht sich den Oberrock aus.) Ich will auch alle den Trödel ausziehen und fortschmeißen, (Er wirft ihn auf den Stuhl hin,) damit ich nicht mehr daran denke!

Anton.
Sey kein Narr, Karl.

Fritz.
Je, darum bleibst du ja nicht immer hier; es ist nur aufgeschoben.

Karl.
Ach, nun wird gar nichts draus, das weiß ich schon. Ich mag auch nun nicht —

Fritz.
Geh, Karl, du bist wunderlich.

Karl.
Ach!

C   Anton.

Anton.

Komm, komm zur Mutter, wir werden mit dir nicht fertig. Wir müssen es ja ihr auch sagen, daß Herr Braun hergeschickt hat. Wir haben so schon zu lange damit gewartet.

(Er nimmt Karln beym Arm und führt ihn ab; Fritz folgt ihnen.)

Zweyter Aufzug.

Erster Auftritt.

Die Mutter. Karl.

Die Mutter (sanftmüthig.)

Nein, mein lieber Karl, das machst du nicht gut. Was kann alle die Ungeduld helfen? Bleibst du etwa darum weniger hier? Sey klug! So bist du nur noch übler dran.

Karl.

Aber, liebe Mutter, ich hätte doch so gern fort gewollt! Und soll einem das nicht empfindlich seyn; ich bin schon fast mit einem Fuße im Wagen, so heißt es: Bleib hier!

Die Mutter.

Ja, bleib hier, aber nicht auf immer, sondern nur ein paar Tage länger. Das große Unglück! Nein, was mir bey der Sache empfindlich ist, das ist der Fall des armen Kindes; es thut mir recht herzlich leid; und der arme Braun, daß der durch einen so unseligen Zufall von seiner Reise muß ab-

Karl.
J ja, das thut mir auch leid, aber —
Die Mutter.
Es wäre weit schicklicher gewesen, wenn du zu ihm gegangen wärest, als daß ich nun da deine beyden Brüder habe hinschicken müssen. Pfuy, schäme dich!
Karl (steht sehr beschämt da.)

Zweyter Auftritt.
Die Vorigen. Anton. Fritz.

Anton (mit Eil.)
Liebe Mutter, der kleine Wilhelm ist nicht todt; wir haben ihn schon wieder gesprochen.
Die Mutter (hastig.)
Gewiß, mein lieber Anton?
Fritz.
Es ist nur eine starke Ohnmacht gewesen; er war so auf den Kopf gefallen.
Die Mutter.
Nun, das freuet mich von Herzen.
Anton (zu Karln.)
Und Herr Braun läßt dir sagen, du möchtest dich nun immer wieder fertig machen; er schöbe nun seine Reise nicht auf.
Karl (vergnügt.)
Das läßt er mir sagen?
Anton.

Fritz.

Ja, und er müßte eilen, damit er heute noch nach Deßau käme.

Karl (äußerst fröhlich.)

O das ist schön, das ist schön! O ich will gleich kommen.

Die Mutter.

Nun, das ist mir auch lieb! du sollst gleich fertig seyn, an dir soll's nicht fehlen.

Fritz (bittend)

Liebe Mutter!

Die Mutter.

Nun?

Fritz.

O lassen Sie uns mit Karln zu Herr Braunen gehen, ich möchte gern den Wagen sehen, worinnen er wegfahren soll.

Anton.

O ja, liebe Mutter, ich möchte ihn auch gern sehen!

Die Mutter.

So geht lieber gleich itzt hin, lieben Kinder, ich habe so noch allerhand mit Karln zu sprechen. Sagt Herr Braunen, ich ließ' ihm recht sehr gratuliren, daß es noch so gut mit dem kleinen Wilhelm abgegangen wäre. Ihr könnt auch wieder herkommen, und Euren Bruder hier abholen, wenn alles fertig ist.

Beyde.

Ja, ja, das wollen wir. (springen vergnügt ab)

Dritter Auftritt.
Die Mutter. Karl.

(Karl hat indeſſen in der vergnügteſten Eilfertigkeit ſich ſeinen Oberrock, der noch auf dem Stuhle lag, wo er ihn hingeworfen hatte, wieder angezogen. Er holt ſich noch ſeinen Hut, knöpft ſich den Rock zu, und macht ſich ſonſt noch reiſefertig.)

Die Mutter (ſitzt, und ſieht ihn eine Weile ſtillſchweigend mit inniger Rührung an. Endlich reicht ſie ihm die Hand hin; Karl kömmt zu ihr, und mit Thränen in den Augen ſagt ſie:)

Du reiſt alſo nun fort, mein lieber Sohn? — Gott ſey mit dir und ſegne dich. — Ich laß dich ungern von mir, ich liebe dich herzlich, und hätte dich gern noch immer um mich; — aber ich muß für dein Beßtes ſorgen; ich muß dir was lernen laſſen, damit du einmal in der Welt fortkommeſt; und hier iſt dazu keine Gelegenheit.

Karl (munter)
Aber was für welche iſt denn in Deſſau dazu?

Die Mutter.
Das wirſt du ſchon ſehen, mein lieber Sohn, wenn du hin in das Philanthropinum kömmſt. Nutze ſie nur. Sey fleißig und gehorſam, folge deinen lieben Lehrern, ſie werden meine Stelle bey dir vertreten. Aber vergiß auch mich nicht, du lieber Kleiner! — Schreib mir von Zeit zu Zeit.

Karl (ſchon gerührt.)
O ja, meine liebe Mutter, das thu' ich gewiß. Auch an meine lieben Brüder.

Die Mutter.

O warte nur, die Reihe wird bald genug an dich kommen.

Fritz.

O das wünschte ich. — Und der Wagen so voll gepackt; zwey Laternen an der Seite! just, als wenn so immer Fremde durchkommen.

(Die Mutter hat indessen Karln mit reisefertig machen helfen, den Hut aufgesetzt, Oberrock zugeknöpft, und Handschuh anziehn lassen.)

Anton.

So siehst du nun wie ein wahrer Reisender aus.

Karl (immer betrübt.)

Nun adjeu, meine lieben Brüder! (er küßt sie weinend) Adjeu!.

Anton.

Adjeu, lieber Karl.

Fritz.

Adjeu, lieber Karl.

Karl.

Die Mutter hat mir gesagt, ich soll an Euch schreiben, schreibt mir auch, lieben Brüder, und liebt mich auch, wenn ich in Dessau bin.

Anton (weinend)

Ja, mein lieber Bruder, wir wollen auch an dich schreiben.

Fritz (auch weinend)

Und dir immer gut seyn.

Die Mutter.

Genug, meine Lieben! (Sie umarmt Karln noch einmal.) Bleib gesund, mein lieber Karl, und reise glücklich. Komm nun, laß deinen Reisegefährten nicht auf dich warten; wir wollen dich zu ihm hin begleiten. (Die Mutter führt Karln ab, die beyden andern folgen nach, und haben die Schnupftücher vor dem Gesichte.)

Dritter Aufzug.
Erster Auftritt.

Anton, Fritz, (kommen ganz läßig herein.)

Fritz.
Es will gar nicht fort mit uns. Und es waren doch so viele Papillons da!

Anton.
Ja, aber mit alledem — ich finde heute gar keine Lust daran.

Fritz.
Und ich auch nicht; ich weiß gar nicht warum? — Wollen wir kreuseln?

Anton.
Kreuseln? — Hm, ja. Wo hast du den Kreusel?

Fritz.
Draußen; warte, ich will ihn holen.

Anton.
Nun ja! (Fritz will gehen) Doch, laß es auch lieber seyn, Fritz; es ist auch nichts mit dem Kreuseln.

Fritz.

Fritz.

Meinetwegen auch! Man muß sich so viel dabey bewegen; ich bin zwar nicht müde, aber ich mag mich doch nicht gern regen.

Anton.

Laß uns hier ein wenig hersetzen; mir ist auch so.

Fritz.

Gut! (sie setzen sich, der eine vorne auf der Ecke, der andere im Grunde in einem Winkel des Theaters) Vielleicht sind wir denn nach einem Weilchen munterer.

Anton.

Das glaube ich auch. Wir sind auch heute so früh aufgestanden. (Sie schlagen die Arme in einander, legen sich in die Stühle zurück, und sitzen so stillschweigend einige Augenblicke.)

Zweyter Auftritt.
Die Mutter.   Die Vorigen.

Die Muttter.

Ha! Kleinen, Ihr seyd hier? Ich dachte, ihr wolltet im Garten ein wenig herumlaufen? — Und so still?

Anton.

Ja, liebe Mutter, wir sind auch im Garten gewesen.

Fritz.

Unsre Papillonsjagd wollte nicht recht gehen, da

da sind wir hereingekommen, und haben uns hieher gesetzt.
Die Mutter.
Nun, könnt Ihr denn nicht was anders spielen, wenn das Jagen Euch heute nicht gefällt? Auf! Ihr müßt immer munter und lustig seyn. Fehlt euch was?
Anton.
Nein, liebe Mutter, wir sind nur so — so — müde.
Fritz.
Ja, weiter nichts.
Die Mutter (beyseite.)
Die guten Kinder! Sie wissen selbst nicht, was ihnen fehlt; sie missen ihren Bruder, und darum trauert ihr kleines Herz. Ich muß sie zerstreuen. (laut) O wenn es weiter nichts ist! das vergeht bald wieder. Ihr seyd heute etwas früher aufgestanden, als gewöhnlich; das machts. Nun bleibt hierinnen bey mir. Und da habe ich Rosinen und Mandeln stehen; damit Euch die Zeit nicht lang werde, wollen wir Schäfer spielen.
Fritz.
Ach ja, liebe Mutter!
Anton.
O das thun Sie, liebe Mutter, das thun Sie.
Die Mutter.
Nun, so kommt, setzt Euch Stühle her, ich will den Tisch holen. (Sie holt den Tisch aus dem Fond, und setzt ihn vorne hin; und die Kleinen jeder seinen Stuhl, und setzen ihn, der eine zur Linken, der andere zur Rechten ihrer Mutter. Nachdem sich die

Mutter auch ihren Stuhl geholt hat, sagt sie:) Die Karten werden wohl noch im Tischkasten liegen?

Fritz.
Ja, ich habe sie gestern hineingelegt.

Anton (holt sie heraus.)
Da sind sie.

Die Mutter,
(nimmt die Karten, und mischt sie.)

Nun, ich bin Schäfer; wie viel Haufen will ein jeder? Doch erst muß ich ja jedem eine kleine Heerde geben. (Sie theilt ihnen Rosinen und Mandeln aus.)

Fritz.
O das ist schön!

Anton (freuet sich auch.)
Aber Sie behalten auch nicht viel mehr, als wir haben.

Die Mutter.
O ich habe genug; und es kömmt hier viel auf das Glück an. Nun wie viel?

Anton.
Ich nehme zwey Haufen, und besetze jeden mit 3 Mandeln.

Die Mutter.
Gut, da sind sie! und da ist auch mein Gegensatz. Und du, Fritz?

Fritz.
Ich behalte einen Haufen, aber ich setze 5 Rosinen und 5 Mandeln darauf.

Die Mutter.
Potztausend! so viel; aber da will ich sie dir

zuzählen: 1, 2, 3, 4, 5 Rosinen; und 1, 2, 3, 4, 5 Mandeln. Auf meinen Haufen wird nichts gesetzt. Nun, wer wird gewinnen? (sie wählt um) Die Dame!

Fritz (fröhlich.)
Ich habe meines gewonnen; den König!

Anton.
Eins gewonnen; eins verlohren. Daus und Zehne!

Die Mutter.
Diesmal habe ich nichts profitirt. Deinen Gegensatz hab' ich eingebüßt, Fritz.

Fritz.
Gut für mich! Ich will auch künftig immer so viel setzen.

Anton.
Aber wenn du nur erst ein paar mal verloren hast, wirst du dich wohl besinnen.

Fritz.
Nun, wir wollen sehen!

Dritter Auftritt.
Die Vorigen. Ein Bedienter.

Der Bediente.
Die Pferde vom Herrn Braun sind zurück gekommen. Der Kutscher bringt den Brief mit.

Fritz

Fritz und Anton.
Ach, vom Bruder Karl?

Die Mutter (besieht ihn.)
Ja. (zum Bedienten) Es ist schon gut.
(Der Bediente geht ab.)

Vierter Auftritt.
Die Mutter. Anton. Fritz.

Anton.
O liebe Mutter, lesen Sie uns, was unser lieber Bruder schreibt.

Fritz.
Ich bitte auch, liebe Mutter! Hm, lesen Sie uns den Brief von Bruder Karl.

Die Mutter (indem sie ihn erbricht.)
Recht gern, liebe Kinder! — Er wird aber so viel nicht schreiben können. Es ist von dem ersten Pferdewechsel. (Sie liest, und die Kleinen hören mit großer Aufmerksamkeit zu.)

Meine liebe Mutter!
Wir kommen hier in Treuenbriezen recht glücklich an. Es sind nicht gleich Pferde zu haben;

ich

ich bediene mich dieses Augenblicks, Sie von unserer bisherigen Reise zu benachrichtigen. Der Kutscher kann den Brief mit zurücknehmen. Bis itzt kann ich das Fahren noch recht gut vertragen; ich hoffe auch, es soll so fortgehen. Nur die Abwesenheit von Ihnen, meine liebe Mutter, und von meinen lieben Brüdern betrübt mich. Ich weiß nun nicht mehr, warum ich mich vorher so auf diese Reise freuete. Herr Braun sagt aber, ich sollte mich zufrieden geben, ich würde mich auch schon wieder freuen. Ich will ihm glauben. Leben Sie wohl, meine liebe Mutter. Ich küsse Ihnen in Gedanken ehrerbietig die Hände, und umarme meine lieben Brüder. Ich bin

Ihr

Treuenbrietzen,
um 9 Uhr Morgens.

gehorsamer Sohn,

Karl.

Anton.
Um 9 Uhr? das ist ja so früh.

Die Mutter.
Ja, sie müssen gut gefahren seyn.

Fritz.
Denn sind sie itzt wohl schon in Dessau?

Die Mutter.
Wohl noch nicht; aber nicht weit mehr davon.

Anton (weint.)
Der gute Karl!

Fritz (weint auch.)
Ja, der gute Karl!

Die Mutter.
Nun, und Ihr weint?

Anton.
Ja, daß er nicht mehr da ist.

Fritz.
Ich wünschte es auch, daß er noch da wäre!

Die Mutter.
Aber, Ihr guten Kinder, was soll da Euer Weinen! Es thut mir auch leid, daß Euer Bruder nicht mehr bey uns ist; aber fort mußt' er, und das müßt Ihr auch einmal. Und darinn müssen wir uns finden.

Fritz.
Fort? Wir auch? Warum denn das?

Anton.

Anton.

Ja, warum denn, liebe Mutter? Es ist uns ja so wohl bey Ihnen? Es betrübt einen doch so herzlich, wenn man von einander muß! ich habe es heute Morgen gesehen — unser lieber Karl! — und das könnten wir uns ja ersparen, und immer vergnügt miteinander seyn.

Fritz.

Das dächt' ich auch, liebe Mutter!

Die Mutter.

Das denkt Ihr wohl, Ihr guten Kinder; aber das geht nicht so an. Ja, wenn Ihr immer so bliebet! aber Ihr werdet einmal Männer werden, und da müßt Ihr was gelernet haben, wenn Ihr in der Welt nützlich und glücklich werden wollt. Und um Euch was lernen zu lassen, muß ich Euch von mir schicken; denn ich selbst kann Euch nicht alles lehren, was Ihr braucht; und sonst ist keine Gelegenheit dazu hier.

Fritz.

Man muß wohl darum was gelernt haben, um so vielerley erzehlen zu können, wie Sie uns immer thun?

Die Mutter.

Freylich darum auch mit, du kleiner Fritz! Aber eigentlich doch nur, um sich und andern Menschen nützlich seyn zu können. Siehst du, wer gar nichts gelernt hat, der ist wie unser kleines Windspiel, das den ganzen Tag nur schlummert,

mert, und nichts Nützliches thut. Indessen ein Anderer, der etwas lernt, der ist dir, um ihn auch womit zu vergleichen, wie eine Biene. Sie verläßt den geliebten Schwarm ihrer Gespielen, und fliegt zur Wiese hin, sammlet da ämsig Honig und Wachs ein, und kehrt dann endlich damit zur Hütte wieder heim, und genießt es dort in Freuden mit ihren Brüdern, und thut auch uns Menschen wohl davon. Darum warten wir ihrer auch sorgfältig, und säen Tymian um ihr Haus her, und andere Kräuter und Blumen, die ihnen angenehm sind.

Fritz.

O, so ist das, liebe Mutter? das habe ich mir nicht so vorgestellt.

Anton.

O nun freue ich mich auch darauf, daß ich auch einmal ausfliegen werde; denn nachher komme ich wieder mit dem, was ich eingesammlet habe, hieher nach Hause zurück, und genieße es mit meinen Brüdern.

Fritz.

Und die Mutter ist dann der Mensch, der die Bienen wartet, der thun wir dann auch wohl!

Die Mutter,
(mit Freudenthränen in den Augen.)

Und ich werde dann Kräuter um eure Hütte säen, die Euch angenehm sind. (umarmt sie zärtlichst) O meine liebste, beste Kinder! — Gott erhalte

D Euch

Euch bey dem Vorſatze; er wird Euch glücklich machen, und mich einſt, wenn ichs erlebe, nur zu reichlich für eure Wartung belohnen; oder doch wenigſtens mir den ſüßen Troſt mit in mein Grab geben, daß ich Euch als glückliche und gute Menſchen zurück laſſe. — Gott ſegne euch, und alle Kinder, die Euch gleichen. Unterdeſſen lebt noch froh und ſorgenlos an meinem Herzen hin; übers Jahr beſuchen wir zuſammen Euren Bruder.

(Sie hält, indem ſie dies ſagt, beyde Kinder in ihre Arme geſchloſſen, und der Vorhang fällt herunter.)

Der Ausgang,

oder

die Genesung.

―――

In
drey Aufzügen.

Personen.

Der Vater.
Louise,
August,
Christian, } dessen Kinder.
Heinrich,
Malchen,

Der Schauplatz ist ein Zimmer.

Die Handlung geht Abends an, und hört den andern Tag Morgens auf.

Erster Aufzug.

Erster Auftritt.

August. Heinrich. Christian. Malchen.

(Sie spielen: Hat jemand ein Kämmerlein feil? August, Heinrich, Malchen stehen in den Ecken, und wechseln mit großem Gelächter zu verschiedenenmalen ihre Plätze.)

Christian, (geht herum, und ruft aus:)

Hat jemand, hat jemand ein Kämmerlein feil? (während daß die andern ihre Plätze wechseln, sucht er einen davonzutragen, kommt aber immer zu spät, und ruft dann wieder aus:) Hat jemand, hat jemand ein Kämmerlein feil? Hat jemand ein Kämmerlein feil? (die andern vertauschen immerfort ihre Plätze aneinander, endlich versieht es Malchen einmal, und Christian raubt ihr den ihrigen.)

Christian.

Ha, Malchen!

Malchen.

Schade! — Nun du bist aber auch dafür lange genug dran gewesen.

Christian.

Es wird dir nicht besser gehen.

Heinrich.

Gewiß nicht.

August.

Ja, ja, nicht besser wirds dir gehen; wir könnens gar zu gut.

Malchen.
Das thut ihm nichts.

August (winkt Chriſtianen.)
Pſt! Pſt! Chriſtian!
(während daß Malchen herumgeht, und ſo laut ſie
nur kann, ausruft:)
Hat Niemand ein Kämmerlein feil? Hat Niemand ein Kämmerlein feil?
(Auguſt und Chriſtian wechſeln die Plätze, indem ſie
ihnen nur ein wenig den Rücken zugekehrt.)

Chriſtian.
Hutſch! wars weg!
(indem Malchen ſich nach ihnen umkehrt, winkt er gleich
wieder Heinrichen, und wechſelt ſeinen Platz mit ihm.)

Heinrich (im Wechſeln.)
Hier, hier, Mamſell, iſt eins feil, — (nachdem
er gewechſelt.) zu ſpät! Ein klein wenig früher,
ſo ſtand es zu Ihren Dienſten.

Malchen,
(geht Reihe herum, und fragt in einem drolligen Tone:)
Kein Zimmerchen zu vermiethen?

Auguſt.
Nein!

Malchen.
Kein Zimmerchen zu vermiethen?

Chriſtian.
Voritzt nicht.

Malchen.
Kein Zimmerchen zu vermiethen?

Heinrich.
Komm Sie ein andermal wieder, heute nicht!
(Auguſt und Chriſtian wechſeln indem; Malchen fährt
zu, aber vergebens.)

Malchen.

Nun, aber nun, will ich auch gewiß gleich eins haben.

(Christian und Heinrich wechseln um, Malchen kriegt wieder nichts; die andern können fast vor Lachen nicht.)

August,

(thut, als wolle er Ihr sein Zimmer einräumen.)

Nun, Malchen, nimm doch; nimm; komm doch; o sey Sie doch so gut, und spatziere herein.

Malchen,

(thut, als gäbe sie gar nicht darauf Acht; in der That aber schielt sie sehr nach Augusten hin, um, wenn er es sich nicht versieht, zuzuspringen; sie thut es auch endlich, aber umsonst, August ist eher wieder auf seinem Platze, und sagt spöttisch, aber lustig:)

August.

Ha, gehorsamer Diener! Nein, nein, so hatten wir nicht gewettet!

Malchen.

Nun, daß dich! — Du mußt aber doch noch daran, August, du bists noch gar nicht gewesen.

(Heinrich und Christian wechseln wieder, Malchen thut, als ob sie nach ihnen laufe, paßt aber Augusten auf; und als der sich zu weit von seinem Orte entfernet, um mit einen von den beyden andern zu tauschen, so springt sie zurück, und nimt ihm seinen Platz weg, und ruft voller Freuden aus:)

Da, sagt ichs dir nicht? Ertappt, ertappt!

(Die andern alle sind sehr laut, und spotten August aus. August springt in die Mitte, und ruft aus:)

August.

Hat niemand ein Kämmerlein feil? — Wohlfeil; aber hübsch; so wie — dieß hier.

(Springt nach Malchen ihrer Kammer hin; die tritt aber vor, und alle lachen ihn aus, und machen das größte Lärm.)

Zweyter Auftritt.

Die Vorigen. Louischen.

Louischen (ernsthaft.)
Aber Poßtausend, Kinder, was habt ihr hier vor! Das ist ja ein entsetzlich Lärm; das kann man bis hinten im Garten hören. (Das Spiel hört auf, sie gehen alle nach Louischen hin, und sind erschrocken.)

Christian.
O nein, Louischen, so weit?

Louischen.
Je freylich. Ihr kehrtet ja wohl die Stube um?

Malchen.
So sehr hätte ich doch nicht gedacht, daß wir gelärmet hätten.

August.
Wir spielten nur: Hat jemand ein Kämmerlein feil? Louischen.

Louischen.
Nun, das ist schon recht; nun wundere ich mich nicht mehr!

Heinrich (lustig.)
O es gieng vortrefflich, Louischen. Komm, spiel auch mit; wir wollen wieder anfangen.

Louischen.
Seyd keine Narren, Kinder! und laßt's seyn. Ihr wißt ja, der Vater ist ja noch nicht wieder ganz wohl auf.

Malchen.
O ja, wohl, schon wieder ganz; aber ausgegangen ist er nur noch nicht wieder.

Louis

Louischen.
Da haſt du dich recht verantwortet! — Und weil du denn nun alles ſo ſehr gut weißt, ſo will ich dir auch noch ſagen, daß er auch bald ausgehen wird, und das morgen des Tages.
Auguſt.
Gewiß, Louischen? iſt das wahr?
Louischen.
Zuverläßig.
Chriſtian.
Woher weißt du es denn?
Louischen (drollig.)
Sieh doch, da ſoll ich dem Herrn das gleich ſo ſagen.
Heinrich.
Hm! ja, Louischen, ſag es uns, weißt du es gewiß?
Malchen.
Ja, ja, Louischen, ſags; laß dich nicht vergebens bitten.
Louischen.
Nun, Kinder, Ihr könnt mir auf mein Wort glauben; aber ich wills Euch auch ſagen, woher ichs weiß.
Auguſt.
Nun?
Louischen.
Ich war drinnen bey ihm, als er mit der Mutter davon ſprach; und mit ihr überlegte, was er anziehen könnte, das nicht zu warm und nicht zu kalt wäre.

Heinrich.
Nun, das läßt sich hören.
Christian.
Ja, ja, das läßt sichs auch.   Nun glaube ich dir, Louischen.
Louischen (spöttisch)
O gehorsame Dienerinn, Herr Bruder, Sie sind allzu gütig.
Christian.
Nun, nun, laß nur gut seyn, ich dachte, du wolltest deinen Spaß mit uns haben.
Malchen.
Ja wirklich ich auch.   Aber schön! schön! daß es wahr ist!
August.
Ja, ich freue mich auch drüber.   Nun geht der Vater wieder aus, nun ist auch gleich wieder ein anders Leben.
Heinrich.
Ich habe auch schon daran gedacht. Wir sind zwar so auch lustig; ich weiß aber nicht, ist der Vater da, gleich ists noch einmal so hübsch.
Louischen.
Du hast recht Heinrich; ja, wohl noch zehnmal so hübsch.
Malchen.
Ja nun, es ist ja denn auch gleich Einer mehr; und allemal je mehr, je besser beym Spiele.
Christian.
O hört, wenn wir denn doch was auf Morgen ausdenken könnten!
Louischen.
Was denn ausdenken?   Chri-

Christian.

Je nun, — wie so an seinem Geburtstage, da machen wir ja auch so immer etwas. —

August.

Ach, das ist wahr! ich verstehe dich schon. Ach ja; wenn wir doch auch so etwas hätten! — was machen wir? —

Heinrich.

Wir wollen tractiren.

Louischen.

Ach nein, nicht tractiren. Er darf ja noch nicht alles essen; besonders kein Obst.

Malchen.

So wollen wir ihm was schenken.

Christian.

Ja, hast du denn was? und wenn auch; das will mir nicht recht gefallen.

Louischen.

Nein, mir auch nicht.

Heinrich.

Nein, nein, damit ist es nichts; denn weiß einer auf dem Geburtstage nur wieder nichts, womit man ihn anbinden soll.

August.

Kinder, wißt ihr was? Wir wollen es dem Oncle sagen, der weiß am besten, was da zu thun ist.

Louischen.

Das ist wahr, das ist das Allerbeste. Nur —

August.

Was denn?

Louischen.

Wie werden wirs machen, daß wir zu ihm gehen

August.
O, das wird nicht schwer halten. Wenn nur Einer hingeht; und das erlaubt mir die Mutter gleich. Ihr sollts sehen. *(lauft gleich ab.)*

Dritter Auftritt.
Louischen. Heinrich. Christian. Malchen.

Louischen.
Nun, und da lauft er auch gleich fort! Warte doch!

Heinrich.
Ja, der warten! der ist schon über alle Berge.

Christian.
Desto besser, es ist so keine Zeit zu verlieren, wenns noch was werden soll. Hört, kommt, wir wollen ihm gleich nach. *(geht ab.)*

Louischen.
Ja, damit es denn der Vater nicht merkt, wenn der die Mutter um Erlaubniß bittet. Komme!

Alle.
Ja, ja, laßt uns laufen. *(gehen ab.)*

Zweyter Aufzug.

Erster Auftritt.
Christian. Louischen. Heinrich.

Christian.
Was hilfts uns nun, wenn der Oncle uns auch noch so was hübsches ausdenkt? Das abscheuliche

Louischen.
Ach, das ist nur ein Uebergang. Morgen kann darum immer der schönste Tag seyn.
Heinrich.
Ja, das glaube ich auch, Louischen; die Nacht ist lang. Und dann wird der Vater auch nicht gleich um so ein bischen Wind inne bleiben.
Christian,
Nun, nun, Ihr werdet es schon sehen! Seht auch nur, wie es da so schwarz aussieht, wenn das heraufkommt, dann ists nun vollends aus.
Louischen.
Je, so laß es doch da aussehn, wie's will; darum wollen wir uns nicht bekümmern. Sagt mir lieber, sprach August nicht was von Tanzen, das der Oncle gesagt hätte?
Heinrich.
Ja wohl.
Christian.
Nur eine Ronde, um den Vater herum.
Louischen.
O das ist schön. Da freue ich mich.
Heinrich.
Nun, ich auf den Tanz eben nicht.
Christian.
Aber ich wohl!
Heinrich.
Das mag wohl! Aber Ihr auch, und ich! — Ich kann ja gar noch nichts.
Louischen (lacht.)
Ha, ha, ja wir, wir können auch recht viel! — Du dummer Heinrich, was brauchts da viel können?

nen? Bist du lustig und fröhlich, so springe mit herum, nach Herzens Lust und Freude; und das ist die ganze Kunst.
Christian.
Aber, doch der Takt.
Louischen.
Das ist ja leicht.
Heinrich.
Nein, sag das nicht Louischen. Sieh nur, wie ich mich dazu anstelle. (er trallert einen englischen Tanz, und will dazu tanzen, trift aber gar den Takt nicht.)
Christian (zu Louischen)
Ja, siehst du? (lacht)
Louischen.
Ach, allgut! das geht schon immer mit unter. Freylich könntest du's wohl noch ein bischen besser machen. Sieh einmal, so! (sie singt und tanzt herum, und bezeichnet mit Händen und Füßen den Takt.)

Heinrich.
Ja; an Andern siehts so leicht aus!
Christian (spöttisch.)
Der Daus! wie das Louischen nicht tanzt!
Louischen.
O pfuy! Christian; ich werde gewiß böse.
Heinrich.
Hm, Christian, laß doch!
Christian (immer scherzhaft.)
Nun, soll ichs denn nicht sagen, daß sie so allerliebst tanzt? Gieb du nur Acht, Heinrich, da kannst du viel profitiren.

Louischen.
Kannst du das Necken nicht lassen? Aber hörst du nicht bald auf — (sie zeigt ihm mit den Fingern, daß sie ihn kützeln würde) — Du weißt —

Christian (lachend.)
Da bist du nun gleich mit deinem Kützeln da! Ich weiß nicht was du willst? soll ichs denn nicht sagen, daß du hübsch tanzest? Nein, gewiß, wie ein Engelchen! Hm! komm, ich will auch Lection bey dir nehmen.

(Er nimmt Heinrichen bey der Hand, und thut, als ob er warte, daß sie sie herumtanzen lasse.)

Heinrich (spaßhaft warnend.)
Christian!

Louischen,
(wiederholt die vorige Bewegung mit den Händen.)
Du, ich warne dich noch einmal, laß dir sagen!

Christian.
(Er hüpfet mit vorsetzlich einwärts gekehrten Beinen auf eine lächerliche Art herum, und zieht Heinrichen immer an der Hand mit sich.)

Nun! Frau Tanzmeisterinn, zeigen Sie's uns doch! Wie müssen wirs denn machen? Ich merke es selbst, daß ich bey weiten nicht das Tausendtheil so artig, so anmuthig, als wie Sie es machen. Zeigen Sie's uns doch.

Heinrich (lacht so sehr er kann.)
Ha, ha, ha!

Louischen (lachend.)
Nein, das ist zu arg. Nun solls dir aber auch ergehen!

(Sie fällt über ihn her und kützelt ihn. Christian kann sich vor Lachen gar nicht wehren; er schreyt dabey.)

Chri-

Christian.

Nein, Louischen! Nein; hör auf! — ich bitte — ich bitte dich — Ha, ha, ha! — Pardon! — Ha, ha, ha! — ich sterbe — Ne — nun ists genug, — Ha, ha, ha! ich bitte dich, liebes Kronengold-Louischen; hör nun auf; schone meiner!

Louischen (lachend)

Nichts, nichts, ohne Barmherzigkeit!

Christian,
(immer lachend und sich windend.)

Ha, ha, ha! nein, ich sterbe vor Lachen, — laß mich — ichs wills in meinem Leben nicht mehr thun!

Louischen.

Wenn auch! Kein Pardon!

Heinrich.

Siehst du nun, siehst du? Habe ichs dir nicht gesagt? Nun hast du's!

Christian.

O lieber, lieber Heinrich, hilf mir, hilf mir, ich kann nicht mehr.

Heinrich.

Ne, ne, du mußt nun büßen!

Christian,
(ganz außer sich vor Lachen.)

O! O! du machst mich todt, Louischen.
(wälzt sich auf die Erde.)

Louischen (hört auf.)

Nun mags genug seyn. Auf ein andermal richte dich hübsch darnach!

Heinrich (immer lachend.)
So recht, Louischen, das hast du vortrefflich gemacht!
Christian,
(steht auf, und indem er tiefe Bücklinge macht.)
Ne, liebe Frau Tanzmeisterinn, in meinem ganzen Leben will ichs Ihnen nicht wieder sagen, daß Sie so hübsch tanzen. Es versteht sich ja von selbst; was habe ich Ihnen das noch erst zu sagen? Ich weiß auch gar nicht, woran ich gedacht habe!
Louischen.
Nun, du hörst noch nicht auf? Aber ich fange von neuem an.
(Geht auf ihn los, ihn wieder zu kützeln, er will zur Thür geschwind hinauslaufen, sich zu retten, Malchen kommt aber eben herein; sie stoßen gegen einander, Christian, der den Kopf aufm Rücken nach Louischen gewendet hat, erschrickt, und wird von Malchen umgerennt.)

Zweyter Auftritt.
Die Vorigen. Malchen.

Alle zusammen.
(da Christian auf der Erde liegt.)
Ha, ha, ha! Ha, ha, ha! Ha, ha, ha!
Louischen.
Das geschicht dir recht! Da bist du gestraft, wie du's verdienst.

E   Hein-

Heinrich.
(herumlaufend, und sich die Seite vor Lachen haltend.)

O — o — o —

Malchen.
Was tausend, was giebts hier — was ist denn das?

Christian (im Aufstehen)
O, ich kann nicht mehr vor Lachen, ich kann kaum auf. Daß die just da zur Thür hereinkommen mußte!

Malchen (ernsthaft)
Aber, sagt mir nur, was habt ihr denn vor?

Louischen.
Je, wir schäkerten da zusammen, ich wollte ihn kützeln, er lauft vor mir, rennt gegen dich an, und da sahst du ja wie er hinpurzelte.

Malchen.
Und über euer Schäkern habt Ihr vermuthlich nicht gemerkt, wie es draußen regnet; das wollt ich Euch eben sagen, und der Vater wird ganz gewiß nun nicht morgen seinen Ausgang halten.

Christian.
Das dachte ich vorhin wohl, die wollten es mir aber nicht glauben. Da seht Ihr wohl!

Louischen.
Hat ers denn aber auch schon selbst gesagt, daß er nun morgen inne bliebe?

Malchen.
Wohl! Er hat auch Augusten itzt zum Doctor Koch geschickt, und es ihm sagen lassen, und was er dazu meynte?

Christian.

Da haben wirs. Ich wollte auch nun gleich, daß wir uns gar nichts auf Morgen vorgenommen gehabt hätten; das häßliche Zurückgehen ist mir gar zu ärgerlich.

Heinrich.

Ja, mir auch; und gleich wird nun der Oncle kommen, und uns sagen wollen, was wir zu thun gehabt hätten. Das ist nun gewiß wieder so hübsch, und doch — vergebens.

Louischen.

Ich kann aber gar nicht begreifen, wie der Vater darum, daß es heute regnet, morgen nicht ausgehen will?

Christian.

Das begreife ich recht leicht.

Malchen.

Ja, nach dem Regen würde es so kühl, und das möchte ihm schaden, sagt er.

Christian.

Und dann kann es morgen auch noch fort regnen.

Heinrich.

Da wär' es noch schlimmer. Freylich sehe ichs nun auch wohl ein, daß das Ausgehen nicht gut ist. Aber — (er zuckt die Achseln.)

Malchen.

Ich bin ganz niedergeschlagen worden.

Louischen.

Ich bin wie in einem Traum; ich kann mich noch gar nicht besinnen.

Chriſtian.

O der Tag wird mir nun morgen ſo lang wäh-
ren; ich werde nicht wiſſen, was ich thun ſoll, weil
das nicht geſchehen kann, worauf ich mich ſo ſehr
gefreuet.

Heinrich.

Aber, Kinder, haben wir es denn doch noch
auf ein andermal.

Chriſtian.

Ach, auf ein andermal! da wirds die Freude
nicht mehr ſeyn.

Malchen.

Nein, gewiß nicht.

Louischen.

Man denkt denn immer vorher, es wird auch
nichts draus; und denn wartet man erſt nicht ſo
ſehr darauf; und hernach, wenn es denn auch
noch geſchicht, da man ſchon einmal geſtört worden, ſo iſt man doch nicht ſo voller Freude.

Chriſtian.

Wenn es doch dabey geblieben wäre, wie es
war; ich wollte es zehntauſendmal lieber. Ich
möchte nun gleich zu Bette gehen, ſo verdrießlich
bin ich.

Dritter Auftritt.

Die vorigen. August.

August.
Aber wo seyd Ihr denn? im ganzen Hause habe ich Euch gesucht. Kommt doch, der Oncle ist hinten in der Gartenstube; er wartet auf uns.

Christian.
Ach, da es nun einmal morgen nicht seyn kann, was sollen wir uns denn heute noch damit abgeben? Ich gehe nicht mit.

August.
Was ist dir denn? Was denn, morgen nicht seyn kann?

Malchen.
Nun du weißt es ja, wegen des Regens will ja der Vater morgen noch nicht ausgehen.

Christian.
Und was wollen wir nun uns denn dazu etwas zubereiten, was wir nicht brauchen?

August.
Mit euren Possen! Der Vater geht morgen wohl aus. Der Doctor wills haben. Nun macht nur, laßt den Oncle nicht warten.

Louischen.
Ne, lieber, lieber August, sag, ist das wahr? Bleibts dabey? Können wir uns darauf verlassen?

August.

August.

O ganz gewiß! Ich habe es ja dem Vater vom Herrn Doctor Koch sagen müssen; es wäre sogar gut, daß es nicht so warm geblieben wäre; er sollte ja nicht zu Hause bleiben. Und itzt kam er selbst mir nach, und spricht selbst mit dem Vater davon. Indessen können wir hinten in der Gartenstube mit dem Oncle probiren; da vermißt der Vater uns denn nicht einmal.

Christian.

O Freude, über Freude!

Alle.
(sind außer sich vor Freude.)

Louischen.

Das hätte ich nicht mehr vermuthet.

Malchen.

Ich auch nicht! O du lieber August!
(springt an ihn hinan, und liebkoset ihn voller Freuden)

Heinrich.

O ich muß dich auch küssen, für die Nachricht.

August.

So laßt doch die Narretheyen, und kommt lieber, daß wir die Zeit nicht vertändeln, die wir noch haben.

Christian.

Ja, ja, liebes Augustchen, wir kommen, wir kommen ja schon; sey nur nicht zornig.

August.

Nun, so allons denn, marsch!
(Alle gehen vor Freuden jauchzend ab.)

Dritter

Dritter Aufzug.
Erſter Auftritt.

(Es iſt des andern Tages Morgens. Die Kinder erſcheinen in dieſem Aufzuge gepuzt.)

August. Louischen. Malchen.

Auguſt.
Nun, Ihr könnts doch noch?
Malchen.
O ja, recht gut.
Louischen.
Ich hab' es heute Morgen ſchon im Bette wiederholt; ich habe nicht angeſtoßen.
Auguſt.
Das iſt brav; nun ich denke, mit mir ſolls auch ſchon gehen. Aber ich weiß nicht, wo der Chriſtian bleibt? Und wenn Musje Heinrich ſich auch nur nicht vom Vater zuvorkommen läßt; da kämen wir ſchön an!
Malchen.
Ach nein, das thut er gewiß nicht.
Louischen.
Dafür bin ich auch nicht bange; er freuet ſich gar zu ſehr, als daß er nicht recht Schildwache ſtehen, und uns und ſich die ganze Freude verderben ſollte.

Zweyter Auftritt.

Die Vorigen. Christian.
(mit Halbkränzen im Arme)

Christian.
Nun, bin ich zu lange aus?

August.
Ja wohl!

Louischen.
Wir wußten nicht, wo du bliebest.

Christian.
Ja, ich mußte darauf warten, es war noch nicht alles fertig. O ich stand, wie auf Kohlen; ich dachte, es würde zu spät werden.
(er legt die Halbkränze auf die Erde.)

Malchen (besieht sie)
Aber, wie machen wirs denn damit?

August.
Laß nur erst liegen, du sollst es gleich sehen.

Christian.
Da, stelle dich einmal dahin, Louischen, (er nimt einen Halbkranz, und giebt ihr demselben mit dem einem Ende in die linke Hand) und fasse hier an, (an das andere Ende zeigend) und hier faßt August an.

August,
(hat auch einen Halbkranz aufgenommen.)
Wo? gebt her. (er faßt an) Und du, Malchen, stelle dich hier mit zur Rechten her, und nimm dieß Ende da.
(Er hölt ihr das andere Ende des Halbkranzes hin, welchen er aufgenommen hatte.)

Mal-

Malchen.
So?
August.
Ja, recht.
Louischen.
Und wer kommt denn bey mir auf die andere Seite?
Christian.
Ich, Louischen. Siehst du, so! (er nimmt zwey Halbkränze auf, in jeder Hand einen; an den in der Rechten läßt er Louischen anfassen, und auf den in der Linken zeigend, sagt er:) und hier kommt Heinrich dann her.
August.
Aber, Malchen, bücke dich, und nimm noch den Halbkranz da in deine rechte Hand, und an die beyden Enden zwischen Euch faßt denn Heinrich an, sobald der Vater zwischen uns getreten ist.
Malchen.
Ach so! nun verstehe ich; und dann tanzen wir gleich herum?
August.
Ja, ja.
Louischen.
Aber links oder rechts zuerst?
Christian.
Je, das ist einerley; — wie es kommt!
August.
Nein, mein Herr, wir müssen es wohl vorher abreden, sonst ist gleich Verwirrung.

Christian.
Nun gut; wie solls denn aber seyn?

Louischen.
Ich dächte, erst links herum.

August.
Nun ja; also links herum; vergeßts aber auch nicht wieder. Heinrichen müssen wirs auch sagen.

Malchen.
Da kommt er schon.

Dritter Auftritt.
Die Vorigen. Heinrich.

Heinrich.
Geschwind, geschwind ordentlich! er kommt, er wird gleich hier seyn.

Christian.
Gut, gut, fasse gleich hier an, und sobald der Vater hier eingetreten, so schließ da bey Malchen den Kreis, und fang an zu tanzen.

Heinrich, (faßt hurtig an)
Gieb, gieb!

August.
Es geht links herum, hörst du? Links herum.

Heinrich.
Gut!

Vierter

Vierter Auftritt.

Die Vorigen. Der Vater.

(Die Kinder stehen so, daß der Vater gleich beym Hereintreten in ihren Kreis zu stehen kommt; sie schließen denselben sogleich zu; eine leichte muntere Musik erhebt sich; und sie tanzen mit Einfalt, Anstand und Fröhlichkeit um ihren Vater herum, und singen dazu:)

Willkommen sey, willkommen
Mit Freuden, Vater, hier!

(Die Musik wird hier langsamer, und die Kinder singen nur, tanzen nicht.)

Hätt' dich der Tod genommen,
Geliebter, traurten wir.

Bedroht von diesem Leide
Erstarb schon unsre Lust: —

(Die Musik wechselt hier wieder ab, und drückt Freude aus, und die Kinder tanzen wieder.)

Doch nun, nun jauchzet Freude
Aus deiner Kinder Brust.

(Die Kinder singen wiederum allein, und tanzen nicht.)

O, jede deiner Stunden
Sey, uns im Reihen gleich,
Mit Blumen froh umwunden,
Für dich an Segen reich!

(Hier tanzen sie wieder zum Gesange.)

Willkommen sey, willkommen
Mit Freuden, Vater, hier!

(Der

(Der Vater, von diesem Auftritte überrascht, steht erst ganz, ohne sich zu bewegen, in Mitte seiner Kinder. Bald treten ihm die Thränen in die Augen, sein Haupt sinkt etwas seitwärts herab, und mit der innigsten Empfindung im Blicke sieht er sie um sich her tanzen. Als sie gesungen und getanzt haben, umarmt er sie alle in stummer Rührung; die Kinder sind dabey voller Freuden und liebkosen ihn.)

Der Vater (mit bebenden Lippen.)

Meine Lieben, wie rührt ihr mich! — Habt Dank! Habt Dank! — Eure Freude über meine Wiederherstellung und meinen heutigen Ausgang ist mir ein Segen des Himmels. Kommt, daß ich mich recht dafür bey Euch bedanke.

(Er stelle sich einen Stuhl mitten aufs Theater und setzt sich; die Kinder alle um ihn her; er umarmt sie nochmals. Und indem er die ausgebreiteten Arme auf denen ruhen läßt, die ihm auf beyden Seiten am nächsten stehen, und indem er von einer Seite zur andern herumsieht, sagt er, voller Güte im Ton und Blicke:)

So freuet Ihr Euch denn so, daß Ihr mich wieder habt? Daß ich nicht gestorben bin?

Malchen und Heinrich.
Ja, lieber Vater, recht sehr, recht sehr.

Louischen.
O, lieber Vater, als Sie so krank waren, wie weinten wir da!

Der Vater.
Ihr weintet?

August.

August.
Ach, wir konnten uns nicht zufrieden geben.

Christian.
Wir wollten von Ihrem Bette nicht weg; aber die Mutter —

Der Vater.
Die Mutter wollte es nicht zugeben? Ja, sie wußte wohl, Eure liebe Mutter, daß es mir mein Ende schwerer machen würde, wenn ich Euch immer so vor mir säh, Euch, von denen ich mich nicht zu trennen vermochte. — Aber itzt, meine Lieben, wenn ich itzt von Euch sollte, da ich so Euer Herz gesehen, itzt — (seine Stimme ist erstickt.)

Die Kinder
(halten sich die Schnupftücher vor.)

Der Vater
(legt das Gesicht auf einige, und umfaßt sie gleichsam alle.)

O meine Guten! —

Louischen.
Weinen Sie doch nicht, lieber Vater! Sie sind ja nun besser, wir verliehren Sie nun gewiß nicht mehr.

Der Vater.
Laß mich weinen, liebes Kind! die Thränen sind süß. Doch du hast Recht, ich muß nicht weinen. Wenn ich Euch auch itzt verlassen müßte, ich könnte mich getrost in mein Grab legen, weil ich Euch so gut sehe. Es würde Euch darum wohl gehen, wenn ich auch nicht mehr bey Euch wäre.

(Die

(Die Kinder alle fassen aus einer unfreywilligen Bewegung zu, als ob sie ihn halten wollten, daß er sie nicht verließe.)

Malchen, (schluchsend)
Nein, lieber Vater, ohne Sie — ohne Sie —

Der Vater.
Seyd ruhig, Ihr Lieben, ich verlasse Euch nun vorißt nicht. Ich kann nun noch bey Euch bleiben, meine Kinder, weil mir meine Gesundheit wieder verliehen ist. Der beste Gebrauch, den ich davon machen kann und will, ist, daß ich sie zu Eurem Besten, zu Eurer Erziehung anwende. Euch, junge Pflanzen, will ich mit Sorgfalt ziehen und pflegen — und daß ich mich einst in Euren Schatten lagern, und mich an dem Wohlgeruch Eurer Blühten ergößen möge!

(Er steht auf, hebt die Hände und Augen in die Höhe, und die Kinder stehen ihm ehrfurchtsvoll zur Seiten.)

O Du, der Du mich von meinem Krankenlager aufhobst, und mein ermattetes Herz mit der Freude an diesen Schößlingen stärktest — o breite ferner deine Hand über sie, und segne sie — und mein graues Haupt neigt sich dann beym Hintritte, dich segnend, in den Staub.